CATALOGUE

DES

OBJETS D'ART

& de Vitrine

DIAMANTS, PERLES, BIJOUX

ayant été fournis par Tiffany

Argenterie Artistique et de Table

PROVENANT DES

Grands Orfèvres Américains, Anglais, Français et Hollandais

SCULPTURES, TABLEAUX

MOBILIER ARTISTIQUE

ANCIEN & DE STYLE

Salon en Tapisserie d'Aubusson, "les Arts et les Sciences"
Style Louis XVI, Bois sculptés de « Gouverneur »
Meubles de Rousseau, de Maple. Anciennes Tapisseries

APPARTENANT

à M. le Colonel MAPLESON

et dont la Vente aura lieu par suite de Départ

HOTEL DROUOT, SALLE N° 1

Les Lundi 14, Mardi 15 et Mercredi 16 Mars 1904, à 2 h. 1/4

Me F. LAIR-DUBREUIL	M. ARTHUR BLOCHE
Commissaire Priseur	*Expert près la Cour d'Appel*
6 — RUE DE HANOVRE — 6	51 — RUE SAINT-GEORGES — 51

EXPOSITION PUBLIQUE

Le Dimanche 13 Mars 1904 de 2 h. à 5 h. 2 1/2

CONDITIONS DE LA VENTE

La vente sera faite au comptant.

Les acquéreurs paieront *dix pour cent* en sus des prix d'adjudication.

L'Exposition mettant le public à même de se rendre compte de l'état des objets, aucune réclamation ne sera admise une fois l'adjudication prononcée

Paris. — Imp. C. Chaufour, 8-10, rue Milton.

DÉSIGNATION

BIJOUX

1 — Pendentif formé de deux gros brillants rattachés à une chaînette d'or.

De la maison TIFFANY.

2 — Grande bague marquise pavée de gros et petits brillants.

De la maison TIFFANY.

3 — Bracelet rivière enrichi de vingt cinq beaux brillants.

De la maison TIFFANY.

4 — Bracelet de même modèle enrichi de vingt cinq beaux brillants.

De la maison TIFFANY.

5 — Pendentif en forme de cœur, entièrement pavé de brillants.

De la maison TIFFANY.

6 — Trois broches forme soleils rayonnants, et entièrement en brillants.

De la maison SCHUMANN et Cie de New-York.

7 — Broche en forme de cœur offrant au centre un saphir avec double entourage de brillants, et surmonté d'une couronne en brillants.

De la maison TIFFANY.

8 — Bague ornée d'un gros rubis cabochon d'Orient entre deux brillants.

De la maison TIFFANY.

9 — Fermoir de collier formé par deux belles perles blanches d'Orient entourées de brillants.

De la maison TIFFANY.

10 — Bracelet forme nœud de rubans festonnés tout en brillants, formant bandeau de coiffure.

De la maison TIFFANY.

11 — Bracelet souple en or forme chaîne avec quatorze maillons en petits brillants, et orné d'un petit chronomètre avec entourage de diamants.

De la maison TIFFANY.

12 — Bague en or enrichie d'une très belle émeraude entre deux brillants montés à griffes.

De la maison TIFFANY.

13 — Bague or enrichie d'une perle blanche d'Orient entre deux brillants.

De la maison TIFFANY.

14 — Bague or enrichie d'une turquoise entre deux brillants.

De la maison TIFFANY.

15 — Broche formant lézard tout en brillants la tête enrichie d'une turquoise.

De la maison TIFFANY.

16 — Broche formant couronne, en roses, rubis et émeraudes.

De la maison DUMONT.

17 — Broche composée d'une turquoise entourée de brillants.

De la maison TIFFANY.

18 — Broche barette en or martelé enrichie de trois rubis et de deux brillants.

De la maison TIFFANY.

19 — Petit flacon forme olive monté en or enrichi de brillants.

De la maison TIFFANY.

20 — Deux épingles jumelles turquoises entourées de brillants pouvant former boucles d'oreilles.

De la maison TIFFANY.

21 — Deux épingles jumelles forme fer à cheval rubis et brillants pouvant former boucles d'oreilles.

De la maison TIFFANY.

22 — Bague marquise composée d'une demi perle blanche d'Orient, de deux saphirs et d'un entourage en brillants.

De la maison TIFFANY.

23 — Bague marquise toute pavée de brillants avec turquoise au centre.

De la maison TIFFANY.

24 — Bague formée d'une grande turquoise entourée de petits diamants.

De la maison TIFFANY.

25 — Bague or enrichie d'un beau brillant du Brésil monté à griffes.

De la maison TIFFANY.

26 — Broche forme pensée pavée de roses avec saphir cabochon monté à griffes au centre.

27 — Curieuse guitare en or émaillé formant montre et face à main.

Travail de Genève, maison PIZZOLA.

28 — Flacon monté en or enrichi d'un saphir étoilé, entouré de roses, avec chaînette et mousqueton en or.

De la maison TIFFANY.

29 — Epingle de cravate représentant le Cheval Iroquois gagnant du grand prix de Paris, en or mat et ciselé.

De la maison TIFFANY.

30 — Bague or, grande turquoise entourée de petits brillants.

De la maison TIFFANY.

31 — Parure en corail composée d'une broche en forme de bouquets de fleurs, deux boucles d'oreilles forme roses, et un bracelet modèle à chaîne.

32 — Etui Louis XVI en or ciselé et guilloché avec cachet en lapis lazuli.

33 — Chatelaîne avec montre, cachet et clef en or et argent enrichi de rubis et de roses, et ornée de médaillons, offrant en grisaille, des amours et des enfants. Epoque Louis XVI.

ARGENTERIE, ARGENTURE

34 — Plateau rond en argent, décor gravé et repoussé, bordure à rocailles, palmes, coquilles et bustes de personnages au milieu d'écussons, offrant au centre des armoiries, XVIIIe siècle.

35 — Support en argent ajouré à personnages et animaux au milieu de rocailles et guirlandes de fleurs.

Old Irish Silver Potato Ring.

36 — Chocolatière en argent, décor repoussé à branches de vigne.

De la maison TIFFANY.

37 — Théière et sucrier en argent, décor repoussé à fleurs et feuillages.

De la maison TIFFANY.

38 — Curieux vase en argent ciselé, décor dans le goût Japonais, offrant sur son fond à feuillages et laqué rouge feu, un semis de chrysanthèmes en relief.

De la maison TIFFANY.

39 — Ecrin renfermant douze petites cuillers à café en vermeil.

De la maison TIFFANY.

40 — Bol à punch en argent repoussé, bordure à godrons, feuillages et fleurs.

De la maison TIFFANY.

41 — Plateau carré en argent décor dans le goût Japonais, offrant des poissons et un crabe en relief et laqué sur un fond martelé.

De la maison TIFFANY.

42 — Coupe à gateaux, de forme rectangulaire en vermeil, bordure offrant des fruits et des fleurs en repoussé.

De la maison TIFFANY.

43 — Plateau ovale en argent, bordure à fleurs et feuillages ciselé et repoussé.

De la maison TIFFANY.

44 — Coupe ovale à fruits en argent ciselé et repoussé, bordure à fleurs et feuillages.

De la maison TIFFANY.

45 — Service à thé en argent ciselé et repoussé à fleurs au milieu de feuillage, composé d'une théière, d'un sucrier et d'un pot à crème.

De la maison TIFFANY.

45 *bis* — Miroir cadre à chevalet en ajouré.

Maison TIFFANY.

46 — Boîte à thé en argent ciselé et repoussé à fleurs.

De la maison HOWARD et Cie.

47 — Deux petites coupes rondes à bonbons en argent à bordure à godrons et fruits, intérieur en vermeil.

48 — Deux petits plateaux à bonbons en argent repoussé à fleurs et branches de fougère.

De la maison TIFFANY.

49 — Porte-bobine Louis XV en argent ajouré à rocailles et fleurs.

50 — Cuiller à sucre en argent, manche ciselé à petits personnages, intérieur vermeil.

51 — Petite jardinière en argent ajouré, bordure à perlés. Epoque Ier Empire.

52 — Boîte à thé dans le goût japonais offrant en relief un personnage, insectes et arbustes, sur un fond martelé.

53 — Cafetière Ier Empire en argent uni, base à cannelures.

54 — Petit pot à crême en argent ciselé et repoussé à écusson et côtes tournantes.

55 — Deux petites jardinières ovales et lobées en argent, sur piédouche, décor repoussé et ajouré, à fleurs et rocailles sur un fond treillagé XVIIIe siècle.

56 — Deux petites salières en vermeil ciselé, à écussons et guirlandes de lauriers.

57 — Porte-bouquet en argent ciselé et ajouré à écussons, amours, guirlandes et têtes de béliers posant sur trois pieds.

58 — Deux porte-carafes en argent, bordure ajourée et à perlés, Ier Empire.

59 — Quatre cornets porte-fleurs, décor repoussé à guirlandes de fleurs.

Travail anglais ancien.

60 — Quatre plats ronds et deux ovales en plaqué argent uni, bordure à filets et godrons.

De la maison Tiffany.

61 — Plat ovale en plaqué argent, bordure à contours et grappes de raisins.

62 — Deux salières rondes Premier Empire en argent, à bordure ajourée, posant sur trois pieds, surmontés de groupes de cygnes.

63 — Saucière unie en plaqué argent.

64 — Six coquilles en métal argenté.

De la maison Tiffany.

65 — Réchaud ovale en plaqué argent.

De la maison Gorhain et Cie.

66 — Soupière à trois usages, en plaqué argent, forme œuf posant sur quatre pieds, décor gravé à guirlandes de feuillages.

De la maison Mappin et Cie.

67 — Six cuillers à café en argent, décor niellé.

Travail russe.

68 — Pince à sucre en vermeil formée par une figurine d'arlequin.

69 — Deux petits abat-jour en argent repoussé à amours au milieu de rinceaux feuillagés.

70 — Beau miroir de dame pour toilette, richement encadré d'argent ouvré et ajouré, monté sur fond de velours pourpre.

71 — Chauffe-main, porte-bobine et boîte à poudre en or, suspendus par des chaînettes à un flambeau d'applique, décor repoussé à petits personnages.

Travail hollandais.

72 à 86 — Collection de trente-huit objets de vitrine en argent hollandais : vases, aiguières, voitures, tables, sièges, corbeilles, animaux, cages, jardinières, cuillers, violons, etc.

87 — Encrier forme boule à rocailles et écusson.

88 — Petit porte-fleurs en argent, forme cornet, posé sur un socle orné de figurines d'amours et de guirlandes.

89 — Deux petits porte-fleurs en argent repoussé, à côtes tournantes et guirlandes de fleurs.

90 — Trousse composée de deux étuis, une boîte à poudre, des ciseaux et un fermoir de porte-monnaie en argent repoussé à petits personnages.

Travail hollandais.

91 — Quatre petites cuillers à sucre en argent repoussé à petits personnages dans des paysages.

Travail ancien hollandais.

92 — Service à bière miniature en argent, composé de dix pièces.

93 — Châtelaine en argent repoussé à petits personnages. Style Louis XV.

94 — Œuf en argent ajouré.

95 — Petite armoire hollandaise en argent.

96 — Petit miroir de style Louis XV en argent.

97 — Etui en argent émaillé à scènes mythologiques.

OBJETS DE VITRINE

98 — Eventail en vernis Martin représentant la Balançoire. XVIIIe siècle.

Encadré.

99 — Eventail, monture en ivoire sculpté et ajouré à petits personnages rehaussés d'or, feuille en soie peinte à fleurs, guirlandes et rinceaux, et brodée de paillettes, offrant au centre un médaillon représentant une scène galante dans un paysage. Epoque Louis XVI.

Encadré.

100 — Feuille d'éventail représentant sous bois deux amazones et un cavalier. Signée : CHARLES DETAILLE.

Encadrée.

101 — Eventail Louis XV, monture en nacre sculptée, ajourée et rehaussée d'or à petits personnages et trophées, feuille représentant le Retour d'Achille.

Encadré.

102 — Deux petits fixés ovales représentant des Marines, cadre en bois sculpté et doré.

103 — Eventail Louis XV, monture en nacre sculptée et ajourée, offrant au centre en miniature, dans un cartouche à rocailles, une scène mythologique et tout autour des trophées champêtres au milieu de guirlandes de fleurs, feuille représentant les présents à Rebecca.

104 — Eventail tout en écaille.

De la maison TIFFANY.

105 — Miniature de l'école anglaise portrait d'un jeune homme, en costume noir, cadre en or.

106 — Deux tabatières en porcelaine de Chine décorées de personnages en relief.

107 — Bonbonnière en porcelaine genre Sèvres, décorée d'amours en grisaille.

108 — Cinq porte-fleurs, en verre de Venise, en forme de troncs d'arbres.

109 — Petite plaquette en ivoire sculpté à sujets religieux.

110 — Petit vide-poche en bronze, parties dorées, formé par une statuette de nègre tenant une corbeille.

111 — Coffret forme tambour en cuivre doré, orné de perles d'émaux.

112 — Petit vaisseau en verre de Venise.

113 — Petit paravent miniature Louis XV, le haut orné de glaces biseautées, le bas d'émaux à scènes champêtres.

FAIENCES, PORCELAINES

114 — Coupe en ancienne porcelaine de Chine, dessin bleu sur blanc, à animaux dans un paysage bordure à cartels de fleurs et insectes.

115 — Deux plats en ancienne porcelaine de Chine, dessin à enroulements de fleurs et d'arabesques en bleu sur blanc.

116 — Coupe en ancienne porcelaine de Chine, décor aux dragons dans des nuages en bleu et blanc.

117 — Deux plats en ancienne faïence de Delft, décor dans le goût chinois bleu et blanc à volatiles vases et feuillages.

118 — Assiette en ancienne faïence de Delft, décor dans le goût chinois à fleurs, feuillages et volatiles.

119 — Deux petits plats creux en ancienne porcelaine de Chine, fond jaune impérial, décor en bleu à branches de fleurs.

120 — Grand plat creux de forme octogonale en ancienne porcelaine de Chine, offrant au centre un paysage, bordure à réserves de branchages, fleurs et paysages.

121 — Deux grands plats creux en ancienne porcelaine de Chine bleu et blanc, décor à personnages.

122 — Deux grands plats en ancienne faïence de Delft, décor en bleu sur blanc à écussons et arabesques.

123 — Deux grands plats en ancienne porcelaine de Chine, décor à arabesques et feuillages bleu et blanc.

124 — Deux grands plats en ancienne porcelaine de Chine, offrant au centre, en bleu sur blanc des vases fleuris.

125 — Deux grands plats en ancienne porcelaine de Chine, représentant la cueillette du thé, en bleu sur blanc.

126 — Suite de sept assiettes en ancienne porcelaine de Chine, dessin bleu sur blanc, décor représentant des personnages, des arabesques, jardinières et arbustes fleuris.

127 — Deux grands plats en ancienne faïence de Delft, décor dans le goût chinois offrant au centre un arbre chargé de fleurs, en bleu sur blanc.

128 — Plat à anses en faïence de Savonne, dessin bleu sur blanc offrant au centre un berger près d'un village, encadrements à arabesques.

129 — Deux plats en ancienne porcelaine de Chine, décorés en bleu sur blanc de personnages Européens donnant une séance de musique, bordure à réserves de paysages animés de personnages.

130 — Plat en ancienne porcelaine de Chine, décor bleu sur blanc représentant des volatiles sur un rocher, au milieu d'arbustes fleuris, bordure à arabesques et réserves de fleurs.

131 — Deux plats en ancienne porcelaine de Chine, décor à personnages en bleu sur blanc.

132 — Trois assiettes en ancienne porcelaine de Chine représentant des personnages Européens dans des paysages,en bleu sur blanc.

133 — Trois petites coupes en ancienne porcelaine de Chine, décor par compartiments à personnages et branchages fleuris,en bleu sur blanc.

134 — Trois grands plats en porcelaine de Saxe, dessins à bouquets de fleurs et semis de fleurettes. bordures à rehauts d'or.

135 — Plat en porcelaine du Japon offrant au centre des personnages, bordure à jeux d'enfants en émaux de couleur et rehauts d'or sur fond rouge.

136 — Deux potiches en porcelaine de Saxe à cannelures offrant sur un fond blanc à rehauts d'or des bouquets de fleurs, et des médaillons à scènes champêtres. couvercles surmontés d'un aigle.

137 — Grande coupe en faïence de Delft. bordure et anses à torsades, couvercle offrant des fruits en relief.

138 — Boîte à thé en ancienne porcelaine de Chine, dessin bleu sur blanc à feuillages.

139 — Bouteille en ancienne porcelaine de Chine,dessin bleu sur blanc à fleurs et animaux.

140 — Garniture de cheminée en porcelaine de Saxe, composée d'une pendule ornée dans le haut d'un groupe représentant la becquée, et sur les côtés de groupes allégoriques d'amours, le bas à trophées d'instruments de musique accostés de deux oiseaux, entourage à guirlandes de fleurs, et de deux candélabres à trois lumières, ornés dans le bas de deux groupes : la Musique aux champs et l'Oiseau en cage.

141 — Deux groupes en porcelaine d'Allemagne : le Duo et le Clavecin.

142 — Deux groupes en porcelaine de Saxe : la Pêche miraculeuse et l'Amour écolier.

143 — Groupe important en porcelaine de Saxe : la Partie de cartes.

144 — Deux statuettes en Royal Worcester : les Petits danseurs.

145 — Deux porte-bouquets en Royal Worcester formés par deux amphores, posées sur des trépieds, entourées de branchages en relief et accostées d'une figurine d'amour.

146 — Deux porte-bouquets en Royal Worcester en formes de cornes supportées par des chimères.

147 — Deux groupes en porcelaine de Saxe : les Enfants aux fleurs et les Enfants aux raisins.

148 — Jardinière de forme hexagonale en porcelaine blanche ajourée.

149 — Deux groupes en porcelaine de Saxe : l'Hiver et l'Eté.

150 — Petite théière en Royal Worcester ajouré à losanges, fond bleu turquoise, bordure à perlés en émaux de couleur et rehauts d'or.

151 — Plat en porcelaine Royal Worcester offrant en relief un bouquet de fleurs des champs, encadré de velours bleu.

152 — Petite armoire Louis XV en faïence décorée à scènes galantes et fleurs.

153 — Deux vases en porcelaine de Dresde, fond rose à rehauts d'or, décorés de médaillons à scènes symboliques, anses à cordelières.

154 — Glace-médaillon en porcelaine de Saxe, cadre ovale orné de guirlandes de fleurs en relief, et dans le haut de deux figurines d'amours, au-dessus d'un écusson, posant sur deux montants en forme de tige feuillagée et ornée de fleurs, offrant à leurs bases deux figurines d'enfants tenant des oiseaux.

155 — Deux flambeaux en porcelaine de Saxe à trois lumières, tiges supportées par une figurine de femme tenant dans ses bras un petit enfant.

156 — Quatre petites glaces-médaillon ovales, cadres en porcelaine de Saxe surmontés de deux petites figurines d'amours.

157 — Lampe en porcelaine du Japon, décor laqué et rehaussé d'or à fleurs et volatiles, sur un fond craquelé, monture en bronze noirci et doré dans le goût japonais. Préparée pour l'électricité.

158 — Deux jardinières ovales en porcelaine de Dresde à treillages fleuris supportés par quatre figurines d'amours.

159 — Cassolette ronde en porcelaine d'Allemagne, couvercle ajouré et orné de semis de fleurs en relief.

160 — Deux statuettes en porcelaine de Saxe : Pierrot et Pierrette.

161 — Deux statuettes en porcelaine de Saxe : Polichinelle et Colombine.

162 — Deux statuettes en porcelaine Royal Worcester : Porteur et porteuse d'eau turcs.

163 — Deux groupes en porcelaine de Saxe : Bébé couché jouant avec son chien, et la Grande sœur.

164 — Groupe en porcelaine de Saxe : La cruche cassée.

165 — Petite théière en Royal Worcester blanc, dessin à losanges ajourés.

166 — Quatre statuettes en porcelaine de Saxe : la Paresse, la Colère, la Gourmandise et l'Envie.

167 — Quatre vide-poches et deux plus petits en porcelaine de Saxe accostés d'une figurine d'homme et de femme assis.

168 — Potiche à anses en porcelaine anglaise de Stoke, dessin à fleurs sur fond blanc, base et col à cannelures sur un fond bleu turquoise rehaussé d'or, couvercle ajouré.

169 — Statuette en porcelaine de Saxe : La Vendangeuse.

170 — Flacon en porcelaine de Saxe : l'Ogresse.

171 — Deux groupes en porcelaine de Saxe : Les petits musiciens et les petits bergers.

172 — Deux groupes en porcelaine de Saxe : Les amours peintres et les amours sculpteurs.

173 — Deux statuettes en porcelaine de Saxe : L'amour mendiant et l'amour en marquise.

174 — Statuette en porcelaine de Saxe : La femme au manchon.

175 — Dix tasses en porcelaine de Saxe de forme lobée, décorées de médaillons à fleurs, oiseaux et scènes champêtres avec sept petites cuillers en porcelaine de même décor.

176 — Deux statuettes en porcelaine de Saxe : La bergère et son mouton. Le berger et son chien.

177 — Deux groupes en porcelaine de Saxe : Les amours musiciens et les amours géographes.

178 — Groupe en porcelaine de Saxe : L'Oiseau hors de la cage.

179 — Statuette en porcelaine de Saxe : Arlequin.

180 — Statuette en porcelaine de Saxe : Danseuse espagnole.

181 — Deux petites cassolettes en porcelaine d'Allemagne, forme d'œuf, posant sur des trépieds, fond vert, décor à petits médaillons de scènes champêtres.

182 — Deux groupes en porcelaine de Saxe : la Coupe de l'amour et Serment d'amour.

183 — Deux petits vases sur socles en porcelaine de Vienne, décorés de jeux d'amours, bordure rouge à rehauts d'or.

184 — Groupe en porcelaine de Saxe formé par un vase entouré de branches de vignes, ayant à sa base deux figurines d'enfants, l'un jouant avec un chien, l'autre tenant une guirlande de fleurs.

185 — Grande cassolette en porcelaine de Berlin, dessin à fleurs, bordure gaufrée, couvercle surmonté d'une figurine de petit Bacchus.

186 — Tasse trembleuse avec couvercle en porcelaine de Saxe décorée de médaillons, représentant des marines au milieu de rinceaux et de fleurs.

187 — Tasse avec couvercle en porcelaine de Dresde de forme ovoïde, décor à réserves de fleurs et scènes galantes.

188 — Groupe en porcelaine de Saxe : la Déclaration.

189 — Deux potiches avec couvercles en faïence de Marseille à fleurs, bases à losanges ajourés.

190 — Grande cassolette en porcelaine de Berlin décorée de scènes champêtres, couvercle surmonté d'une figurine de petit Bacchus.

191 — Cassolette en porcelaine d'Allemagne, bordure ajourée et décorée de scènes champêtres encadrées de draperies mauves en relief, anses à mascarons.

192 — Théière et tasse en porcelaine de Saxe, décor par compartiments à fleurs et scènes galantes.

193 — Deux groupes en porcelaine de Saxe : la Déclaration et Doux propos.

194 — Deux groupes en porcelaine d'Allemagne : l'Ivresse de Silène, le Triomphe d'Europe.

195 — Groupe en porcelaine de Saxe : l'Amour marchand.

196 — Deux petites tasses mignonnettes en porcelaine de Saxe a fleurs et scènes champêtres.

197 — Garniture de cheminée en faïence de Delft, formée par une potiche formant pendule et deux bouteilles, dessin bleu sur blanc à paysages dans le goût chinois, montures en bronze ciselé et doré.

198 — Paire de bouteilles à panses aplaties en faïence de Gien, dessin bleu sur blanc à fleurs et arabesques, anses à masques fabuleux et rinceaux en relief.

199 — Coupe en forme d'œuf décoré d'un relief de branches de vignes sur fond bleu et porté par deux figurines d'amours.

200 — Flambeau à cinq lumières en porcelaine de Saxe, tige ornée dans le bas d'un groupe allégorique à l'Automne.

201 — Deux grands vases formant jardinières en faïence anglaise décorée de branchages fleuris et d'hirondelles.

202 — Deux statuettes en porcelaine de Saxe : Marquis et Marquise.

203 — Deux groupes en porcelaine de Saxe : les petits musiciens et les petits astronomes.

204 — Petit bonheur-du-jour Louis XVI en faïence décorée de scènes galantes et rehaussée d'or.

205 — Deux salières doubles en porcelaine de Saxe, ornées au centre d'une figurine de petit jardinier et petite jardinière.

206 — Bonbonnière de forme sphérique en porcelaine d'Allemagne, ornée d'une guirlande de fleurs en relief, couvercle ajouré.

207 — Deux vases de style Louis XVI sur socles à cannelures, en porcelaine d'Allemagne fond rose, offrant dans le haut des scènes allégoriques dans des paysages, anses à cols de cygnes et rehauts d'or.

208 — Quatre statuettes en porcelaine d'Allemagne : l'Europe et l'Amérique, l'Afrique et l'Asie.

209 — Deux têtes de bébés en porcelaine de Saxe.

210 — Deux groupes en porcelaine de Saxe. les Bûcherons et Berger et Bergère.

211 — Statuette de chinois en porcelaine de Chine à dessin bleu sur blanc.

212 — Potiche avec couvercle en porcelaine de Chine, dessin bleu sur blanc.

213 — Trois tasses en porcelaine de Sèvres à médaillon d'amours et scène galante sur un fond bleu turquoise rehaussé d'or.

214 — Vache en faïence hollandaise.

215 — Petit sucrier en faïence anglaise à dessin polychrome dans le goût japonais.

216 — Statuette en porcelaine de Saxe : l'Amour à la hotte.

217 — Deux petits carlins en porcelaine de Saxe.

218 — Petite lampe miniature en porcelaine de Saxe.

219 — Petit flacon forme tour en porcelaine de Saxe.

220 — Statuette en porcelaine : Femme assise lisant la Bible.

221 — Statuette en porcelaine art nouveau : Baigneuse.

222 — Statuette en porcelaine de Saxe : la Petite fille au chat.

SCULPTURES, OBJETS D'ART

223 — Très beau buste en marbre : portrait du maréchal de Saxe en costume de guerre, demi enveloppé dans son manteau, la tête tournée vers la gauche. Œuvre d'une large exécution, attribuée à LEMOINE.

224 — Paire de grands vases en marbre vert clair de Syrie, montures en bronze ciselé et doré à guirlandes de fruits, reliées aux anses à des têtes de béliers, culot à feuilles d'acanthe, style Louis XVI.

225 — Grand et beau buste en marbre : l'Epousée de Sozzï, jeune femme avec grand voile tombant sur ses épaules, signé.

226 — Buste de jeune femme en marbre : la Coquette à la dentelle.

227 — Deux gaînes en marbre blanc.

228 — Groupe en marbre : l'Enfant à la cage, attribué à PIGALLE, monté sur socle en bronze doré, style XVIIIe siècle.

229 — Grand cartel en bronze doré, modèle lyre, se terminant à têtes d'aigles, suspendue par des nœuds de rubans encadrés de gerbes de lauriers et de chûtes de fleurs, style Louis XVI.

230 — Grande bonbonnière en émail cloisonné de l'Extrême-Orient, décor polychrome.

231 — Paire de grands vases en poterie de l'Extrême-Orient, fond brun, décor à personnages et fleurs en couleurs à rehauts d'or.

232 — Grande pendule en marqueterie d'écaille et de cuivre, à décor d'après Bérain, portée par des chevaux marins, avec haut-relief : le Char d'Apollon au-dessous du cadran, couronné par une figure de Minerve assise en bronze, style Louis XIV.

233 — Coffre à bois en cuivre, décor à scène d'après Téniers.

234 — Deux belles chûtes de meubles en bronze ciselé et doré, dessin à rocailles fleuronnées.

235 — Bas-relief en bronze ciselé et doré, représentant Saint-Michel terrassant le dragon, dans un cadre en bois sculpté et doré, du temps de Louis XV.

236 — Paire de vases en émail cloisonné à fleurs, papillons et arabesques en couleur.

237 — Deux grandes bouteilles à panses aplaties en porcelaine de Chine, décor à personnages, fond vert quadrillé.

238 — Deux curieuses glaces de forme allongée accostées de deux cornes d'abondance en cuivre repoussé, travail ancien Hollandais.

239 — Deux écussons de bois sculpté et doré aux armes d'Espagne, provenant du cabinet de travail du roi Amédée.

240 — Devant de feu grillage, en bronze ciselé et doré s'ouvrant à quatre feuilles.

241 — Chenêts en cuivre, joli modèle à boules, base à rinceaux.

242 — Petit lustre en bronze ciselé et doré à cinq lumières en forme de fleurs. Préparé pour l'électricité.

243 — Lampe en faïence anglaise jaune, montée en bronze. Préparée pour l'électricité.

244 — Lanterne orientale, en cuivre repoussé à petits carreaux.

245 — Deux lampes en faïence anglaise émaillée à fleurs.

246 — Garniture de cheminée, en cuivre ciselé, et ornée d'émaux cloisonnés à fleurs en polychrome sur un fond bleu turquoise, composée d'une pendule et de deux petits candélabres à deux lumières.

247 — Porte-pelle, pincette et balai, en cuivre poli.

Travail Hollandais.

248 — Deux chenêts en cuivre, formés par des vases à godrons.

249 — Petite veilleuse électrique, formée par une lampe hollandaise, montée sur tige, surmontée, d'un aigle aux ailes déployées.

250 — Petite presse-papier en bronze argent formé par une figurine d'amour, posée sur une sphère étoilée.

251 — Petit coffret en bronze ciselé et doré en forme de chasse ornée de sujets religieux.

252 — Garniture de bureau en bronze ciselé et doré, composée d'un grand encrier, avec papeterie, et deux petits flambeaux sur les côtés, et d'un petit flambeau.

253 — Petit vide-poche en bronze doré en forme de brasero sur trépied

254 — Baromètre en bois sculpté.

255 — Paire d'appliques de style Louis XV, en bronze à deux lumières, modèle à rocailles.

256 — Lanterne orientale en cuivre ajouré de forme hexagonale. Préparée pour l'électricité.

257 — Deux grandes lampes en forme de vases, en bronze ciselé et argenté, posant sur quatre pieds à coquilles, et orné d'armoiries. Préparées pour l'électricité.

258 — Petit lustre hollandais en cuivre poli à douze lumières.

259 — Paire d'appliques en cuivre ciselé et ajouré à quatre lumières.

260 — Paire d'appliques de style Louis XV, à cinq lumières, en bronze ciselé modèle à rocailles.

261 — Petite lanterne de forme hexagonale en cristal monture en bronze doré. Préparée pour l'électricité.

262 — Cruche hollandaise à anses, en cuivre poli dessin repoussé.

263 — Deux appliques hollandaises, en cuivre poli à quatre lumières, suspendues à des potences.

264 — Devant de feu grillagé en bronze doré.

265 — Chenêts en cuivre poli.

266 — Porte-pelle, pincettes et balai en cuivre doré et repoussé.

Travail hollandais

267 — Lampe de parquet en cuivre ciselé et ajouré. Préparée pour l'électricité.

SERVICES EN PORCELAINE

FAIENCE ET VERRERIE

268 — Service en cristal gravé et émaillé à rinceaux fleuronnés en rehauts d'or comprenant soixante verres à vin, à bière, bordeaux, madère et coupes de champagne, vingt-et-un bols, une aiguière, une carafe et un broc à eau.

269 — Service en porcelaine anglaise Royale Minton, fond bleu turquoise, dessin vermiculé en relief, bordure dorée, avec chiffre au centre, comprenant dix-huit assiettes creuses, trente-six plates et quatorze assiettes à dessert.

270 — Service en porcelaine de Saxe à fleurs composé de cinquante neuf assiettes plates, trente trois à dessert, une soupière, un saladier, deux plats ronds, deux plats ovales, quatre raviers, une saucière, un sucrier à poudre et trois compotiers.

271 — Plat à poisson forme feuille, bordure en relief.

272 — Douze assiettes à dessert en Royal Worcester, décorées de feuillages en relief sur un fond vert clair.

273 — Service en porcelaine anglaise blanche, bordure à coquille et lignes grecques sur fond d'or, composé de huit assiettes creuses et dix-huit assiettes plates.

274 — Douze assiettes à dessert en porcelaine Royal Worcester, décorées d'émaux à branche de fruits, sur un fond de fleurettes en camaïeu.

275 — Coupe à fruits avec cuiller et quatre coquilles, décor en rehauts d'or.

276 — Douze tasses à café et soucoupes en porcelaine Royale Minton, dans le goût chinois, décorées d'émaux en or de couleur à volatiles et bambou.

277 — Sucrier avec plateau et couvercle en cristal, dessin en rehauts d'or, à guirlandes, trophées et rocailles.

278 — Service à liqueurs, composé d'un flacon et six petits verres en cristal gravé, monture en vermeil à amours et rocailles.

279 — Service à liqueurs composé de deux flacons et huit petits verres en cristal uni, monture filigranée et dorée.

280 — Dix tasses et soucoupes de forme ovoïde, en porcelaine d'Allemagne, décorées de rinceaux feuillagés sur un fond d'or, et de médaillon à tête de châtelaine sur fond bleu.

281 — Douze tasses à thé et soucoupes en porcelaine mousseline, offrant dans l'intérieur des médaillons à fleurs, bordure à arabesques feuillagées en camaïeu rose et rehauts d'or.

De la maison TIFFANY.

282 — Cinq tasses à thé et soucoupes en porcelaine anglaise décorée d'un semis de roses.

283 — Quatre coupes à bonbons et à hors d'œuvre en cristal faceté.

De la maison Tiffany.

284 — Service de table en faïence anglaise.

285 — Service de verrerie.

286-290 — Pièces diverses en porcelaine et verrerie.

MOBILIER

291 — Très beau meuble de salon composé d'un canapé et quatre fauteuils en tapisserie de soie très fine d'Aubusson, représentant sur le dossier du canapé une importante composition : l'Asie et l'Afrique, sur le siége, des attributs, des animaux, des fleurs et des fruits près de palais au bord de la mer, sur les dossiers des fauteuils, des allégories aux Arts et aux Sciences, groupes de femmes et d'enfants, et sur les sièges, de souriants paysages avec des trophées scientifiques, artistiques ou champêtres. Bois finement sculptés et dorés au mat, ayant été exécutés par GOUVERNEUR. Ce mobilier est la reproduction de celui de l'Elysée datant du XVIIIe siècle.

292 — Table carrée avec dessus à développement tout en marqueterie hollandaise, décor vases fleuris, bouquets et oiseaux.

293 — Petite table-vitrine, forme ovale, en bois sculpté et doré, décor à guirlandes de fleurs et rosaces. Style Louis XVI.

294 — Casier à musique en bois sculpté et doré, piètement forme lyre avec trophées d'instruments, foncé de canne dorée. Style Louis XVI.

295 — Table à jeu en bois de rose et palissandre quadrillé, garni de bronzes dorés. Style Louis XVI.

296 — Ecran en bois sculpté et doré à colonnettes et écussons, avec panneau en ancienne tapisserie d'Aubusson représentant un vase de fleurs entouré de guirlandes et de rinceaux.

297 — Petite table rectangulaire en bois sculpté et doré, avec corbeille d'entrejambe foncée de canne dorée, dessus en marbre brèche de Languedoc. Style Louis XVI.

298 — Petite table ovale en bois sculpté et doré, bandeau à nœuds de rubans et guirlandes, entrejambe à trophées de flèches, dessus en marbre. Style Louis XVI.

299 — Petit bureau de dame en bois rose et palissandre, le haut ouvrant à coulisse, garni de tiroirs, dessus en marbre. Style Louis XVI.

300 — Très beau meuble de milieu pour salon en bois rose et satiné, ouvrant à trois portes, celle du milieu en ressaut, celles de côté, forme demi-lunes, garnies de bronzes finement ciselés et dorés, offrant des trophées de corbeilles et de fleurs suspendus à des guirlandes et à des nœuds de rubans et d'autres motifs élégants décorant les portes, les montants et le bandeau, dessus en marbre. Style Louis XVI.

Travail de la maison Rousseau.

301 — Armoire hollandaise offrant en marqueterie de bois des oiseaux, des mascarons, des vases et des guirlandes de fleurs avec thyrses de laurier et brûle-parfums en relief; il s'ouvre dans le haut à deux portes et dans le bas, de forme légèrement ventrue, à trois tiroirs, poignées et entrées de serrures en bronze ciselé et doré. XVIIIe siècle.

302 — Vitrine hollandaise offrant, en marqueterie de bois, des guirlandes et des bouquets de fleurs, avec encadrements à rinceaux feuillagés, s'ouvrant à deux portes à petits carreaux, et dans le bas à deux portes pleines, ornée dans le haut de thyrses de laurier et dans le bas de brûle-parfums en relief. XVIIIe siècle.

303 — Commode Louis XV en bois de rose et marqueterie à fleurs, s'ouvrant à deux tiroirs, chutes et poignées en bronze ciselé et doré à rocailles, dessus en marbre rouge veiné.

304 — Petite table-bureau Louis XVI en acajou, pieds à canneiures, poignées et entrées de serrures en bronze ciselé et doré, le haut orné d'une draperie et d'une galerie ajourée, dessus en panne verte.

305 — Petite commode Louis XV ornée d'une marqueterie de bois à fleurs et s'ouvrant à trois tiroirs, chutes, poignées et entrées de serrures en bronze ciselé et doré à rocailles fleuronnées, dessus en marbre rouge veiné.

306 — Table à thé de style Louis XV en bois de rose et de palissandre, entourage en marqueterie de bois à rinceaux et guirlandes de feuillages, ornée de bronzes ciselés et dorés.

307 — Petit bureau cylindre de style Ier Empire, en acajou richement orné de bronzes ciselés et dorés, offrant dans le haut une couronne accostée de deux figurines de Renommées, montants à guirlandes de lauriers, posant sur quatre pieds formés par des cariatides de chimères, le haut à petits tiroirs, le dessus en marbre vert de mer.

308 — Petit bonheur-du-jour Louis XVI en acajou à filets de cuivre, s'ouvrant dans le haut à une porte ornée d'une glace biseautée, avec étagères sur les côtés, dans le bas à cinq tiroirs avec tablette rentrante pour écrire, entourage à galeries ajourées et draperies, dessus en marbre brèche.

309 — Glace de style Louis XIV, écoinçons du cadre à coquilles, rosaces et rinceaux en bronze ciselé sur fond de glace, fronton offrant une corbeille de fleurs au milieu de volutes feuillagées.

310 — Meuble de salon de style Louis XIII en bois sculpté et doré, recouvert en tapisserie à fleurs de pavots, encadrements à guirlandes de fleurs au milieu de rubans enroulés, mascarons et coquilles; il se compose d'un canapé, deux fauteuils et deux chaises.

311 — Bergère de style Louis XV en bois sculpté et doré à rocailles, rubans et rosaces, le haut à couronne de roses, recouverte de velours de Gênes vert clair à médaillons de fleurettes.

312 — Trois chaises hollandaises à haut dossier en marqueterie de bois à vases fleuris, guirlandes et volatiles, sièges recouverts de panne rouge. XVIIIe siècle.

313 — Vitrine hollandaise en marqueterie de bois à guirlandes et vases de fleurs, s'ouvrant dans le haut à une porte et dans le bas à deux petites portes, gainées de peluche bleue. XVIIIe siècle.

314 — Grande et belle vitrine à trois portes, la partie centrale en ressaut, tout en bois de violette quadrillé, richement ornée de baldaquins, de corbeilles fleuries, d'encadrements à rinceaux et nœuds de rubans ; de chutes en bronze ciselé et doré au mercure, avec tablettes en glace, fond gainé en damas de soie vert. Style Régence.

Travail de GRIMARD.

315 — Très belle table de style Louis XVI en bois d'acajou moucheté, pieds à croisillon, bandeau avec frise, petits faunes au milieu de rinceaux et d'arabesques, en bronze ciselé et doré.

Travail de GRIMARD.

316 — Armoire normande en bois laqué blanc, sculptures à guirlandes de fleurs, médaillons à trophées champêtres, entourage à rubans enroulés, fronton orné d'une corbeille de fleurs, s'ouvrant à deux portes, panneaux ornés de glaces biseautées. Epoque Louis XVI.

317 — Petite étagère en bois laqué blanc.

318 — Lit en cuivre doré avec sa literie.

De la maison Maple.

319 — Belle armoire normande en chêne sculpté à guirlandes et vases de fleurs, entourage à rubans enroulés, fronton orné d'un groupe de colombes au milieu d'une guirlande de roses et posé sur un trophée de carquois et torche enflammée, panneaux ornés de glace biseautée. Epoque Louis XVI.

320 — Petite armoire de style Louis XV en chêne sculpté, à guirlandes de fleurs, s'ouvrant à une porte avec panneaux ornés de glaces biseautées.

321 — Deux chaises légères en bois sculpté et doré, foncées de canne.

322 — Grande armoire Régence en chêne sculpté, entourage et fronton à coquilles, écoinçons à rinceaux s'ouvrant à deux portes avec panneaux ornés de glaces biseautées.

323 — Grande armoire à glace anglaise en palissandre sculpté, s'ouvrant à trois portes, celles de côté légèrement en retrait, montants à colonnettes cannelées, portes ornées de glace à l'intérieur.

De la maison Maple.

324 — Buffet-dressoir en acajou et marqueterie en bois de citronnier, le devant de forme légèrement bombée, s'ouvrant à trois tiroirs, deux petites portes sur les côtés avec réserve en retrait au centre, le haut surmonté d'une étagère.

De la maison Maple.

325 — Table de salle à manger en noyer sculpté avec rallonges.

326 — Huit chaises de salle à manger en noyer sculpté, recouvertes de cuir havane, dessin repoussé à rinceaux fleuronnés, se terminant en têtes de chimères avec chiffre sur un côté.

327 — Lit de milieu en cuivre doré et ajouré avec panneaux en acajou ornés d'une marqueterie de cuivre, offrant au centre une corbeille de fleurs, au milieu de rinceaux feuillagés, de fleurs et de volatiles. Avec sa literie et son couvre-lit en damas de soie rouge.

De la maison Maple.

328 — Chaise longue recouverte en velours Liberty, à feuillages en vert et jaune.

De la maison Maple.

329 — Chaise anglaise à haut dossier ajouré, en acajou, recouverte en même velours.

330 — Mobilier de cabinet de toilette en acajou laqué blanc, composé d'une toilette avec dessus en marbre blanc et étagères dans le haut, d'une commode anglaise à quatre tiroirs, dessus en marbre blanc, d'une petite table à étagère et de deux chaises foncées de canne dorée.

De la maison Maple.

331 — Lavabo en acajou laqué blanc, dessus en faïence blanche à étagère et surmonté d'une glace biseautée.

332 — Coffre à linge recouvert de soierie de Chine capitonnée.

333 — Chaise légère en bois sculpté doré et ajouré, siège recouvert d'une broderie de soie à fleurs, insecte et chimère.

334 — Chaise légère de style Louis XVI en bois sculpté et doré, dossier à médaillons orné d'une peinture vernis Martin, représentant des amours, recouverte de peluche rouge.

335 — Ecran de style Régence en bois sculpté et doré, à coquille et rocailles feuillagées, feuille en glace offrant au centre en gravure, un écusson au milieu de guirlandes de fleurs, encadrement à rinceaux, guirlandes et coquilles.

336 — Paravent en bois sculpté et doré s'ouvrant à trois feuilles gainées dans le bas, de soie fond crème brochée à fleurs, et ornées dans le haut de glaces biseautées, fronton à nœuds de rubans.

337 — Petite table avec étagères, supportée par deux nègres agenouillés en bois sculpté peint et doré, recouverte et drapée de damas de soie rouge à fleurs et ornements.

338 — Table à deux étagères garnie de soierie à rayures vertes et crême brochée à fleurs.

339 — Deux étagères de style Louis XV, à fond de glaces, en bois sculpté et doré, à rocailles fleuronnées, le haut à volutes supportées par d'élégantes colonnettes, le bas s'ouvrant à une porte.

340 — Huit petits socles d'appliques de style Louis XV, en bois sculpté et doré à rocailles feuillagées.

341 — Deux socles d'appliques en bois sculpté à fleurs et rocailles.

342 — Petite vitrine de coin en marqueterie hollandaise, en burgau, à guirlandes de fleurs, s'ouvrant dans le haut à une porte vitrée, et dans le bas à une porte pleine offrant en marqueterie un oiseau au milieu de guirlandes de fleurs, cornes d'abondances et chimère, XVIIIe siècle.

343 — Deux petits tabourets ovales de style Louis XVI en bois sculpté et doré, recouverts de soierie bleu ciel brochée à fleurs.

344 — Petites glaces à trois médaillons, cadre doré.

345 — Deux glaces d'appliques en bois sculpté et doré, cadres ovales, au milieu de rinceaux, le bas orné de deux bougies, et de deux étagères sur les côtés.

346 — Bureau-ministre en noyer sculpté avec tiroirs sur les côtés se fermant automatiquement.

347 — Fauteuil de bureau en acajou, recouvert d'un châle cachemire de l'Inde.

De la maison MAPLE.

348 — Fauteuil anglais à haut dossier ajouré en acajou, siège recouvert d'un châle cachemire de l'Inde.

De la maison MAPLE.

349 — Fauteuil de forme surbaissée, recouvert d'un châle cachemire de l'Inde avec bandes de peluche chaudron.

350 — Petit chiffonnier de forme ovale de style Louis XVI en bois de de rose et palissandre, s'ouvrant à trois tiroirs, dessus en marbre blanc avec galerie ajourée.

351 — Vitrine de style Louis XVI en acajou et filets de cuivre, s'ouvrant à une porte, ornée de bronzes dorés, le haut à galerie ajourée.

352 — Glace cadre en bois laqué blanc.

353 — Glace trumeau cadre en bois laqué blanc avec étagères dans le haut.

354 — Coffre à bois recouvert de satin rouge, à dessin jaune.

355 — Glace de forme rectangulaire, cadre en bois sculpté et laqué vert écoinçons à rocailles rehaussées de dorures. Epoque Régence.

356 — Petite chaise basse en bois doré, recouverte de soierie fond vert rayée et brochée à fleurs.

357 — Petite table à thé en acajou laqué blanc, et peint à branches de fleurs.

De la maison Maple.

358 — Petit paravent de style Louis XVI en acajou orné de filets dorés s'ouvrant à trois feuilles garnies de satin fond crême à fleurs

359 à 366 — Meubles divers non catalogués.

TAPISSERIES

367 — Tapisserie du XVIIIe siècle, représentant une chasse au loup.

Composition de nombreux animaux et volatiles, courant à travers un paysage boisé, et perchés sur les arbres, avec vues de parc et de château en perspective. Bordure à guirlandes de fleurs et de feuillages.

368 — Tapisserie de la fin du XVIIe siècle, représentant, un chasseur et son chien dans un paysage boisé et fleuri, à l'horizon très clair.

Large bordure à écussons couronnés, renfermant des petits paysages et des des trophées de flèches et de carquois, avec chûtes et guirlandes de fleurs entre chaque médaillon.

369 — Petit panneau en tapisserie très fine, paysage avec vue de village en perspective et animé d'animaux. XVIIIe siècle.

370 — Portière en imitation de tapisserie, représentant, la Naissance de l'Amour.

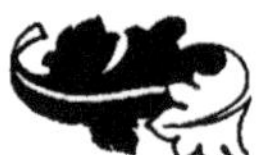

TABLEAUX

HUET (Attribué (J. B.)

371 — *L'Amour qui appelle les amoureux.*

Gracieuse composition.

INNOCENTI

372 — *La joie du foyer.*

Gracieuse composition, effet de clair obscur.
Signé.

INNOCENTI

373 — *Le Buveur galant.*

Signé.

JAPY

374 — *Le Berger et son troupeau sur la lisière du bois.*

Beau paysage.
Signé.

MADRAZO (D'après)

375 — *Pierrette.*

Pièce en couleur.

PANINI

376 — *Villes et Palais animés de bergers avec leurs troupeaux, de lavandières, de femmes, d'enfants et d'amours.*

Deux pendants.

RHEINER

377 — *Paysage. Effet de printemps.*

ROSSI (D'après)

378 — *Les Femmes savantes.*

379 — *Le Petit Lever.*

Deux pièces en couleur encadrées. Edition Goupil.

SANI (A.)

380 — *Doux farniente.*

Signé et daté 1877.
Œuvre importante.

TOCQUÉ

381 — *Portrait du Marquis de Ménorval.*

Regardant de face, en habit de velours fauve, avec gilet de velours bleu richement brodé d'or, dans lequel il pose sa main droite, parée de jabots et de parements de dentelle, le tricorne sous le bras. Œuvre puissante et agréable.

Cadre en bois sculpté et doré.

VAN VERHAGEN

382 — *Pêcheurs au bord d'un fleuve.*

Paysage clair, teinte blonde,
Signé à gauche.

VIBERT (J. G.)

383 — *Le Nouveau Commis.*

Pièce en couleur encadrée.
Edition GOUPIL.

C. D. DE R.

384 — *Tête de jeune fille blonde*

ÉCOLE ESPAGNOLE

385 — *A la Porte du couvent.*

386 — *Au Confessionnal.*

Deux pièces en couleur encadrées.

ECOLE FRANÇAISE

387 — *Portrait présumé de Madame de Chanaïel.*

Représentée de face, le visage souriant, coiffure haute à la poudre, avec gaze et perles dans les cheveux à la Marie-Antoinette.

ÉCOLE VÉNITIENNE

388 — *Portrait de grand seigneur.*

Représenté debout en riche costume de velours brodé, avec collerette et parement en dentelle et tuyauté.

Tableau important, cadre en bois sculpté et doré ancien.

389 — Deux gravures en couleur : *L'Offrande et le grand père.*

390 — *L'Attente dans le Verger.*

Pièce en couleur.

391 — Objets omis.

www.ingramcontent.com/pod-product-compliance
Ingram Content Group UK Ltd.
Pitfield, Milton Keynes, MK11 3LW, UK
UKHW020447180726
13839UKWH00004B/1687